いつもの料理が特別になる
ブルーベリーマジカルソースの
ごちそうレシピ

JN127068

SHIKON
KYOTO

Blueberry
Magical Sauce

浜内千波 × わかさ生活

はじめに

私たちの体を作るのは毎日の食事。

若々しく健康に毎日を送るために、食べておいしいだけでなく、

体に良いものを選んでいただきたいと思います。

最近はフルーツのもつ抗酸化作用（体内の活性酸素を除去する働き）が注目され、

美容や健康のために取り入れているという方も多いでしょう。

その中でも、ブルーベリーは特に抗酸化に優れ、栄養価の高いフルーツの1つです。

そのうえ、使い方次第で様々なお料理にもよくあいます。

ブルーベリーを料理に取り入れていただけるように作られた、

果実本来の甘味と酸味を活かした甘さ控えめの『ブルーベリーマジカルソース』。

本書では、手軽に料理をおいしく華やかに変える

この『ブルーベリーマジカルソース』を使ったレシピを中心にご紹介しています。

素材の味を活かしたシンプルな調理法で、簡単に作れるレシピばかりです。

そのままお料理に添えるだけでも一気に華やかに、贅沢な一皿に変わります。

アレンジ次第でおいしさが広がるのも嬉しいですね。

ハレの日や特別なおもてなしにも、ぜひお役立てください。

毎日の食卓が、美味しさと健康を手に入れる特別な時間になりますように。

浜内千波

Part1 前菜

これから始まる至福のひととき

Part2 主菜

甘味と酸味が交差するブルーベリーで
味わい深く満たされてゆく幸せ

Main dish

Part3 リセットブランチ

休日はブランチをゆったりと
ココロとカラダをリセットする特別な時間

本書で使用している
ブルーベリー

生果実

輸入のものを含めると1年中手に入れることができます。夏は、栄養価が高く新鮮な国産の果実が手に入りやすい時期。果皮にハリがあり、しっかり色づいているものを選びましょう。たくさん手に入ったら、ジャムや冷凍保存すると長く楽しめます。

ブルーベリーマジカルソース

ブルーベリーの自然な甘味と酸味を活かした、これまでにないお料理のためのフルーツソースです。国産ブルーベリー果実と北欧産野生種のビルベリー果汁をベースに、厳選素材を使ったシンプルな配合だから、おいしくてヘルシー。

※詳しくはP79

冷凍果実

冷凍技術が進んだことで、美味しい冷凍ブルーベリーが手に入るようになりました。生果実に比べると価格も安価。冷凍しても栄養価はほとんど変わらず、皮の部分の細胞壁が壊れ、食物繊維やアントシアニンが吸収されやすくなることがわかっています。

ドライフルーツ

痛みやすいブルーベリーを常温で保管できるのがドライフルーツの大きなメリット。乾燥させることで水分が減り、甘味がさらに増して奥行きのある味わいです。

Appetizer

前菜

これから始まる至福のひととき

Pick up 食材

りんご

りんごの皮にはポリフェノールや食物繊維、ビタミンCがたっぷり含まれます。丁寧に洗い、皮を剥かずにいただきましょう。

りんごと生ハムのサラダ

1人分 181kcal

材料(3〜4人分)

りんご	中2個
生ハム	60g
オリーブオイル	大さじ2
A 塩	少々
ブルーベリーマジカルソース	大さじ2
チーズ	お好みのものを適量
ハーブ	あれば適量

(作り方)

❶ 生ハムを食べよい大きさに切る

❷ りんごは皮ごと一口大に切りボウルに入れ、オリーブオイル半量で和える

❸ ②にAを混ぜあわせ、器に生ハムとともに盛りあわせる

❹ 残りのオリーブオイルをかけ、チーズを削ってハーブを飾る

Point

りんごに塩をするまえにオリーブオイルでコーティングすることで、水分がでてしまうのを防ぎます。手早く簡単にできるフルーツサラダは、前菜にぴったり。梨など季節のフルーツに変えても……。

ブッラータチーズと
トマトのサラダ

1人分
259kcal

材料（2人分）

ミニトマト	15個	岩塩	適量
オリーブオイル	大さじ1と1/2	黒こしょう	適量
ルッコラ	適量	ブルーベリー	
ブッラータチーズ	1個	マジカルソース	大さじ1

（作り方）

❶ フライパンを中火で温め、オリーブオイル大さじ1/2、半分に切ったミニトマトを入れ、さっとソテーして器に盛る

❷ ブッラータチーズを①の中心にのせ、ルッコラを飾り、岩塩、黒こしょう、残りのオリーブオイルをかける

❸ マジカルソースをかけ、チーズをくずしながらいただく

Pick up 食材

ブッラータチーズ

モッツァレラチーズで生クリームと割いたモッツァレラを包んだクリーミーな味わいのフレッシュチーズ。たんぱく質、ビタミンなど栄養豊富。

Point

トマトは、果肉の周りが少し柔らかくなる程度に火を通すと、ブッラータチーズと絡みやすくおいしくいただけます。トマトに含まれるリコピンは、加熱したり油と一緒に摂ることで吸収率がアップしますよ。

鴨肉と野菜たちの
ブルーベリーハーブサラダ

材料（2人分）

合鴨スモーク……100g
野菜たち…………適量
※ルッコラやトレビスなど苦味のある野菜がおすすめ

【ブルーベリードレッシング】

A｜ブルーベリーマジカルソース……大さじ1
　｜玉ねぎ（みじん切り）…………………大さじ2
　｜乾燥パセリ……………………………少々
　｜塩……………………………………小さじ1/4
　｜こしょう………………………………少々
オリーブオイル………………………………大さじ2

Pick up 食材

鴨肉

ビタミンB1・B2、鉄、不飽和脂肪酸が他の肉より豊富です。血液をサラサラに保ち、めぐりをよくして美肌や貧血、コレステロール値の低下に役立ちます。

（作り方）

❶ 合鴨スモークは食べよい大きさにスライスして、野菜とともに彩りよく盛りあわせる

❷ Aの材料を器に入れよく混ぜあわせる。最後にオリーブオイルを少しずつ加えて混ぜあわせドレッシングを作る

❸ 食べる直前に②を回しかける

Point

マジカルソースとオリーブオイルは相性よし。甘酸っぱさが素材を引き立て、フルーティーでさっぱりとしたドレッシングができあがります。手持ちのハーブでアレンジしたり、温野菜やお魚にあわせてもおいしいですよ。

サーモンのブルーベリーカルパッチョ

材料（2〜3人分）

サーモン（刺身用）	100g
ラディッシュ、かぶ、紫玉ねぎなど	あわせて50g
レモン	1/4個
ケイパー、ハーブ	適量
塩	少々
A ブルーベリーマジカルソース	大さじ2
オリーブオイル	大さじ1
生クリーム	大さじ1/2
オリーブオイル	あれば少々

14

(作り方)

❶ 野菜、レモンは薄切りにする
❷ A を混ぜておく
❸ サーモンを薄く切り、野菜と器に並べる
❹ ケイパーやハーブをのせ、塩と②、オリーブオイルあれば生クリームをかける

Point

お料理に彩りを添えるレモンの香りには、リフレッシュ効果や脳細胞を活性し集中力を高める働きがあるといわれています。

Pick up 食材

レモン

美肌や免疫力アップに役立つビタミンCが豊富な柑橘類の1つ。クエン酸が含まれ疲労回復にも。皮には、ポリフェノールが豊富に含まれます。

レバーペーストとブルーベリーマジカルソース

材料（2〜3人分）

鶏レバーペースト	適量	ピンクペッパー	適量
フランスパン	1/2本	ブルーベリーマジカルソース	大さじ1
ピスタチオ	適量	はちみつ	適量

Pick up 食材

レバー

たんぱく質や鉄分、亜鉛、ビタミンAが豊富。牛や豚のレバーに比べて、鶏レバーはビタミンAが最も多く、低カロリーでヘルシーです。

のカナッペ

1人分
288kcal

(作り方)

1. フランスパンは薄切りにし、トースターでこんがりと焼く
2. ①にレバーペーストを塗り、マジカルソース、刻んだピスタチオやピンクペッパー、はちみつをかけていただく

Point

レバーペーストとマジカルソースは意外な組みあわせですが、レバー特有の食感や臭みが苦手な方にもおすすめです。あればピンクペッパーやナッツで華やかに彩りましょう。

17

ブルーベリーピクルス

1瓶分
411kcal

材料（作りやすい量）

れんこん・カリフラワー………… あわせて450g
ブルーベリー（冷凍果実）……… 50g

【ピクルス液】
水…………… 1カップ
酢…………… 150cc
塩…………… 大さじ1/2
はちみつ…… 大さじ2
ローリエ…… 2〜3枚
タイムなど… お好みで少々
黒こしょう… 適量

Pick up 食材

カリフラワー

茎を含めビタミンCが豊富
で美肌や風邪の予防に。カリ
フラワーのビタミンCは加
熱にも強いですが、生で食べ
る方が栄養価は高く
なります。

（作り方）

❶ ブルーベリーは半解凍して、フォークなどで軽く
つぶしておく

❷ 鍋にピクルス液の材料を入れ、ひと煮立ちさせる

❸ ②に①を加えよく混ぜ、さらにひと煮立ちさせた
ら火を止める

❹ 容器に一口大に切った野菜を入れ、熱いうちにピ
クルス液を入れ、漬け込む

※漬けてから30分以上置いてください
※粗熱が取れたら冷蔵庫で保存し、2週間以内に食べてください。

Point

れんこん、カリフラワーのいずれも生のまま漬け込んで
構いません。シャキシャキとした食感が楽しめます。鮮
やかなブルーベリーの色を活かすには、白い野菜がおす
すめです。大根やかぶ、長いもなどお試しくださいね。

ホタテのカルパッチョ 和風ブルーベリーソース

(1人分 66 kcal)

材料（2〜3人分）

ホタテ（刺身用）	4〜5個
オリーブオイル	少々
シブレットもしくはあさつきなど	少々
ラディッシュや葉野菜など	適量
A ブルーベリーマジカルソース	大さじ1
醤油（あれば薄口）	小さじ1

（作り方）

❶ ホタテは横半分に切り、器に並べて表面に軽くオリーブオイルを塗る

❷ 小口切りにしたシブレットを散らし、ラディッシュや葉野菜を彩りよく飾る

❸ A.を混ぜあわせて、添える

Pick up 食材

ホタテ

高たんぱく低カロリー。肝機能を高めるタウリンやうまみのもとであるアミノ酸、鉄、亜鉛、ビタミンB12など含み、疲労回復にもおすすめ。

Point

ホタテにオリーブオイルを塗っておくと、葉野菜がくっついて盛り付けやすくなります。

カプレーゼブルーベリーマジカルソース添え

1人分 102kcal

材料(3〜4人分)

モッツァレラチーズ	1個(100g)
トマト	小2〜3個
塩	少々
バジル	適量
ブルーベリーマジカルソース	大さじ2
オリーブオイル	大さじ1

（作り方）

① モッツァレラチーズ、トマトは食べよい大きさに切り、器に並べて塩をふる
② バジルを飾り付け、マジカルソース、オリーブオイルを添える

Pick up 食材

バジル

トマトとの相性◎イタリア料理には欠かせないハーブ。抗酸化力の高いルテインやビタミンEなどを含み、香りのリラックス効果も。

22

とうふのカナッペ

1人分 157kcal

材料(3〜4人分)

木綿とうふ	1丁(300g)
アボカド	1個
ラディッシュ	2〜3個
レモン	1/2個分
塩	少々
ブルーベリーマジカルソース	大さじ2
オリーブオイル	大さじ1

(作り方)

1. 木綿とうふは軽く水切りをして、一口大に切り、塩少々をして器に並べる
2. アボカドは種を取り、半分は潰して1/4個分のレモン汁を絞り、塩少々と混ぜ、残りの半分は一口大に切る
3. 薄切りにしたラディッシュを散らし、残りのレモンの薄切りとともに豆腐の上にアボカドを盛りあわせる
4. マジカルソースをのせ、オリーブオイルをかける

Pick up 食材

とうふ

高たんぱく低カロリーの大豆食品の代表。絹ごしに比べて木綿とうふの方がたんぱく質量が多く水切りが楽です。

ブルーベリーマッシュポテト

材料（4〜5人分）

じゃがいも	中3〜4個（500gほど）
塩	小さじ1/2強
牛乳	100cc
バター	10g
お好みのチップス	適量
クミンシードなどのスパイス	少々
A ブルーベリーマジカルソース	大さじ1
黒こしょう	少々

Pick up 食材

じゃがいも

ビタミン、ミネラル、食物繊維など栄養素が豊富。じゃがいものビタミンCは熱に強い特徴があるので、シチューなど煮炊きに最適です。

（作り方）

❶ じゃがいもは皮ごとレンジで途中上下を返しながら加熱する（600W・7分前後）

❷ ①が熱いうちに皮をむきフォークなどで潰し、鍋に移す

❸ ②に塩、牛乳を入れ、混ぜながらなめらかになるまで中火弱で加熱し、もったりしてきたらバターを加えて混ぜ、器に盛る

❹ Aを混ぜあわせてかけ、刻んだクミンシードをふり、チップスを添える

Point

マジカルソースはじゃがいもにもよくあいます。お好きなチップスを添えて、付けながら楽しんでください。アントシアニンが豊富な紫芋のチップスを使うと華やかに！

パンケーキと
とろ～りポーチドエッグ

1人分
481 kcal

材料（2人分）

A｜パンケーキミックス……150g
　｜卵………………………1個
　｜牛乳……………………100cc
卵…………………………2個

トマトケチャップ……………………大さじ2
黒こしょう………………………………少々
ブルーベリーマジカルソース……大さじ1
葉野菜……………………………お好みで少々

（作り方）

❶ Aを混ぜあわせ、熱したフライパンでパン
ケーキを焼く

❷ 鍋に熱湯を沸かし、熱湯の4％の酢（分量
外）、塩少々（分量外）を入れ、卵をそっ
と割り落とし、3分ほど茹でて水に取り、
ポーチドエッグを作る

❸ 器にケチャップを飾り、パンケーキ、ポー
チドエッグをのせ、マジカルソース、黒こ
しょう、あれば葉野菜を添える

Point

酢と塩のいずれもたんぱく質を固め
る働きがあります。ポーチドエッグ
を作るときにも、お湯の中に入れた
卵の白身が散りばらずにきれいにま
とまるので、形が整いますよ。

Pick up 食材

卵

たんぱく質が豊富で必須アミ
ノ酸を理想的なバランスで含
む完全栄養食品。用途も広く、
あると便利な食材です。

Point

食べるときに半熟
卵を絡めると、スパ
イスがまろやかに
なりまた違った味
わいを楽しめます。

こんがりポテトとオニオンエッグ

～スパイスとブルーベリーマジカルソースを添えて～

材料（3～4人分）

じゃがいも	小5個前後
	※男爵、メークインどちらでも
オリーブオイル	大さじ2
塩	少々
こしょう	少々
玉ねぎ	2個
卵	小4個
スパイス	お好みのもの適量
	（五香粉、パプリカパウダー、クミンシード、
	カレー粉、黒こしょうなど）
ブルーベリーマジカルソース	大さじ2

Pick up 食材

スパイス

料理の味にアクセントを加えてくれるスパイスは、マジカルソースとも相性◎。食欲増進や消化促進などスパイスそれぞれの健康効果も。

（作り方）

❶ じゃがいもは皮ごと耐熱容器に並べ、ラップをふんわりかけ、半分火を通す程度にレンジで加熱（600W・4分前後）

❷ ①を半分に切り、温めたフライパンにオリーブオイルと一緒に入れ、塩・こしょうし両面こんがりと焼く

❸ 玉ねぎは1.5cm厚さの輪切りにし、中心部分を抜いて輪を4つ作る

❹ ③をフライパンに並べ塩・こしょうをして片面焼いて返し、真ん中に卵を割り落とす

❺ フライパンの端から少量の水を加え、蓋をして蒸し焼きに。白身に火が通れば②と一緒に器に盛りあわせる

❻ マジカルソース、お好きなスパイスをふっていただく

いつもの料理を特別な一皿にかえる
『ブルーベリーマジカルソース』
の魔法

のせる

Part 2

Main dish

主菜

甘味と酸味が交差するブルーベリーで
味わい深く満たされてゆく幸せ

鮭のムニエル
クリーミーブルーベリーソース

1人分
374kcal

材料(2人分)

鮭の切り身………2切れ
塩………小さじ1/3弱
こしょう………少々
小麦粉………適量
オリーブオイル……大さじ1
パプリカ………適量

玉ねぎ………1/4個(50g)
A 牛乳………200cc
　塩………小さじ1/4
ブルーベリーマジカルソース……大さじ1
レモン………お好みで
薬味………あれば少々

Pick up 食材

鮭

アスタキサンチンやEPA・DHAなどのオメガ3脂肪酸を含みます。オメガ3脂肪酸には免疫力アップやコレステロール値を下げる効果があります。

(作り方)

❶ パプリカは1cm幅に切り、玉ねぎはみじん切りにする

❷ フライパンを中火で温めオリーブオイル大さじ1/2、玉ねぎを入れ、しんなりするまで炒めたら取り出す

❸ 同じフライパンにパプリカを入れこんがりと火を通し、取り出す

❹ 鮭に塩・こしょうをして小麦粉をはたく。同じフライパンに残りのオリーブオイル、鮭を入れ両面をこんがりと焼き、取り出す

❺ ②をフライパンに戻し、中火にかけてAを加えて少しとろりとするまで3分ほど煮詰める

❻ ⑤にマジカルソースを加え、しっかり混ぜとろみが出たら火を止め、器に盛る

❼ ⑥の上に鮭、パプリカを盛りあわせ、お好みで薬味、レモンを添える

Point

温めた牛乳にマジカルソースを加えると酸性に反応してほどよいとろみが付きます。牛乳を使ったソースは、生クリームを使うよりも脂質が少なくカロリーも控えめです。

チキンのカリカリステーキ

〜ブルーベリーマジカルソース添え〜

1人分
394kcal

材料(2人分)

鶏もも肉	1枚(300g)
塩	小さじ1/4
こしょう	少々
紫キャベツ	200g
塩	少々(キャベツ用)
こしょう	少々(キャベツ用)
A オリーブオイル	大さじ1
塩	少々
ブルーベリーマジカルソース	大さじ1
粒マスタード	適量

Pick up 食材

紫キャベツ

鮮やかな紫キャベツの紫色も抗酸化作用をもつアントシアニン。ビタミンCも豊富に含まれ、美肌におすすめの食材です。

(作り方)

❶ 鶏もも肉は筋切りし、塩・こしょうをする。紫キャベツはおおぶりにちぎる

❷ フライパンにオリーブオイル小さじ1(分量外)を入れ、鶏もも肉の皮目を下にして、皿などで重しをしながら中火弱でじっくり焼く

❸ ②の皮目が少しこんがりしてきたら紫キャベツを鶏もも肉の周りに加え、塩・こしょう少々をふって、火を通す

❹ 鶏もも肉に8割ほど火が通れば、裏返して焼きあげる

❺ 焼きあがった鶏もも肉を2等分し、器に紫キャベツとともに盛りあわせる

❻ Aに肉の焼き汁を加え混ぜ、粒マスタードとともに添える

Point

紫キャベツは油で調理すると色がしっかり残り、鮮やかな紫に。さらに、甘味が増し、一層おいしくなります。

スペアリブのブルーベリー焼き ローズマリー風味

1人分 292kcal

材料（2人分）

スペアリブ …………………… 4本（400g）
A｜塩 ……………………… 小さじ2/3
　｜こしょう ……………… 少々
　｜ブルーベリーマジカルソース… 大さじ1
ローズマリー ……………………… 1～2本
ブロッコリーやカリフラワー …… 適量

（作り方）

❶ スペアリブにAをもみ込み、10分ほど置く
❷ フライパンを中火弱で温め、①とローズマリーを入れて蓋をして蒸し焼きにし、火を通す
❸ ブロッコリーやカリフラワーは食べよい大きさに切り、ラップをしてレンジで火を通す
❹ ②が焼きあがったら③と皿に盛りあわせる

Point

マジカルソースをもみ込めば、スペアリブがとても柔らかく、おいしくなります。ローズマリーをプラスすれば、まるでレストランの味に。

Pick up 食材

豚肉

良質なたんぱく質やビタミンB群を含みます。特に疲労回復のビタミンB$_1$が豊富。脂質にはコレステロール値の上昇を抑えるオレイン酸が含まれます。

ポークとキャロットのブレゼ

材料(2人分)

合いびき肉	200g
玉ねぎ(みじん切り)	50g
A パン粉	大さじ4
牛乳	大さじ3
B 塩	小さじ1/3
こしょう	少々

豚薄切り肉	4枚(100g)
塩	少々
こしょう	少々
ローリエ	4枚
にんじん	200g
塩(にんじん用)	小さじ1/4
オリーブオイル	大さじ1
ブルーベリーマジカルソース	大さじ1

(作り方)

❶ にんじんは1cm弱の厚さに切る。Aは混ぜておく

❷ 合いびき肉にAとBを加えてよく混ぜ、玉ねぎを入れさらによく混ぜあわせ、4等分にする

❸ 豚の薄切り肉を広げ、塩・こしょうをし、②を巻いてタコ糸などで縛り、ローリエをはさむ

❹ にんじんは耐熱皿に入れ、ラップをしてレンジで加熱(600W・3分)したら、塩をふる

❺ 鍋を中火で温め、オリーブオイルを入れ、④と③の表面をこんがりと焼き、弱火にして蓋をして10分ほど火を通す

❻ できあがりにマジカルソースを付けていただく

Point

ブレゼとは、炒めて色付けした肉や野菜を、少量の水分で蒸し煮にするフランス料理の調理法です。

Pick up 食材

にんじん

抗酸化作用をもち美しい肌や目の健康・免疫力にも関係が深いβ-カロテンの含有量は、緑黄色野菜の中でトップクラス。

シーフードと野菜のケバブ

～2種のソースを添えて～

材料（3〜4人分）

ズッキーニ	1本
パプリカ　赤・黄	各1/3個
なす	大1本
ブロッコリー	1/3個
芽キャベツ	4〜5個
えび	6〜8尾
ホタテ	6〜8個

オリーブオイル	少々
黒こしょう	少々
A ブルーベリーマジカルソース	大さじ1
マヨネーズ	大さじ1
B ブルーベリーマジカルソース	大さじ1
刻んだバジル	適量

Part 2

主菜

（作り方）

❶ 野菜は食べよい大きさに切り、ズッキーニ、なすには塩少々（分量外）をして、10分置き、出てきた水気をふいておく

❷ 串に野菜や魚介類を彩りよく刺し、表面にオリーブオイルを塗る

❸ 熱したグリルパンやホットプレートなどでこんがりと焼き、器に盛って黒こしょうをふる

❹ A・Bそれぞれを混ぜあわせたソースを作り、添える

Point

マジカルソースは組みあわせ次第でびっくりするほど違ったソースに早変わり！色々と試してくださいね。

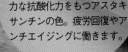

Pick up 食材

えび

高たんぱく、低脂肪でビタミンEが豊富。えびの赤色は強力な抗酸化力をもつアスタキサンチンの色。疲労回復やアンチエイジングに働きます。

ディナーサンド

1人分
488kcal

材料（2人分）

ローストビーフスライス	200g
ライ麦パン	スライス4枚
コルニッション（小さなきゅうりのピクルス）	4本
ブルーベリーマジカルソース	大さじ1
粒マスタード	大さじ1
葉野菜	適量

（作り方）

❶ ライ麦パンは軽くトーストし、粒マスタードを片面に塗っておく
❷ ①にローストビーフとマジカルソースをかさねて、サンドする
❸ コルニッションや、葉野菜を添える

Point

赤身のお肉をたっぷり使った食べ応え十分のごほうびサンド。マジカルソースは、ローストビーフのソースとしてもおすすめ。すっきりとした酸味が特徴のコルニッションもあわせると、食感や味の変化を楽しめます。

Pick up 食材

牛肉（赤身）

良質なたんぱく質を摂れるだけでなく、豊富なL-カルニチンが体にたまっている脂肪をエネルギーとして効率良く燃焼できるよう働きます。

いつもの料理を特別な一皿にかえる
{『ブルーベリーマジカルソース』}
の魔法

もみこむ

かける

グリル野菜の
カラフルオープンサンド

1人分
391kcal

材料(2人分)

チャバタやフランスパン	2人分
パプリカ(赤、黄)	あわせて1/2個分
ミニトマト	3〜4個
モッツァレラチーズ	150g前後
ブルーベリーマジカルソース	大さじ2
黒こしょうやピンクペッパー	適量
バジル	適量
オリーブオイル	お好みで

Pick up 食材

パプリカ

抗酸化成分のβ - カロテン
やルテイン、ビタミンC、ビ
タミンEが豊富に含まれます。
健康な体づくりや美しい素肌
のためにもおすすめ。

Part
2

主
菜

(作り方)

❶ パンは横半分に切る。フランスパンなど長い場
合には適当な長さに切る。

❷ パプリカ、ミニトマト、モッツァレラチーズは
適当な大きさに切り、パンの上に彩りよく盛り
あわせる

❸ ②にマジカルソースをかけ、トースターでチー
ズが溶けるまでこんがり焼く

❹ 器に盛り、黒こしょうやピンクペッパーをふる

❺ バジルをのせる。お好みでオリーブオイルを回
しかけても

Point

2色のパプリカを使うと彩りがよく、マジ
カルソースの青紫とともにテーブルを華や
かにしてくれます。色々な野菜で楽しめる
ので、季節の野菜を取り入れてください。

47

オムライスの
ブルーベリークリームソース

1人分
599kcal

材料（2人分）

【ケチャップライス】

温かいごはん	240g
トマトケチャップ	大さじ4
玉ねぎ（みじん切り）	大さじ2
塩	少々
こしょう	少々

A 卵	4個
塩	少々
こしょう	少々
オリーブオイル	大さじ2と1/2
しめじ	150g
B 生クリーム	100cc
塩	小さじ1/3弱
ブルーベリーマジカルソース	大さじ1

Pick up 食材

しめじ

きのこの中でも味が良いことに定評あり！ビタミン類、食物繊維をはじめ、免疫力を高める β-グルカンも豊富に含みます。

（作り方）

❶ ボウルにケチャップライスの材料を全て入れて混ぜ、2等分にしておく

❷ Aを別のボウルに入れ、よく混ぜて卵液を作る

❸ フライパンを中火で温め、オリーブオイル大さじ1をひき、卵液の半分を流し入れる

❹ フライパンを動かし卵液を広げ、半熟になったら①を包む。オムライスを2つ作る

❺ 同じフライパンにオリーブオイル大さじ1/2でしめじを入れ炒める

❻ ⑤にBを加え、軽くひと煮立ちしたらマジカルソースを混ぜ、オムライスの上にかける

Point

オムライスをお皿に移すときには、お皿にフライパンをあてて、お皿にあたっている部分を手前に引きながら返すと形が整います。

ブルーベリーマジカルソースピザ

材料（2〜3人分）

ピザクラスト（直径21cmほどのもの）……1枚
A｜トマトケチャップ……………………大さじ2
　｜オリーブオイル……………………大さじ1
チーズ
（ブルー、モッツァレラ、ピザ用チーズなど）……60g〜
B｜ベーコン（細切り）……………………40g
　｜コーン………………………………50g
　｜オレガノ……………………あれば少々
ブルーベリーマジカルソース……………大さじ2
黒こしょう……………………………………少々

Pick up 食材

コーン（とうもろこし）

消化されにくい食物繊維のセルロースが含まれ、腸内環境を整えて便通を良くする働きがあります。ビタミンEやルテインも含まれ美肌にも。

（作り方）

❶ Aを混ぜてピザ用ソースをつくる
❷ ピザクラストに①のソースを塗り広げたらチーズを半量ちぎりながらのせる
❸ ②にB、残りのチーズの順に置き、最後にマジカルソースを彩りよくのせる
❹ 250℃に予熱したオーブンでチーズが溶け、こんがりとするまで10分程度焼く
❺ 取り出して黒こしょうをふり、食べよい大きさに切る

Point

ブルーチーズなら焼き上がりの香りも格別。濃厚で強めの塩味が、マジカルソースの控えめな甘味を際立てます。ワインなどにもよくあう大人のピザに……。

ブルーベリーハンバーガー

1人分 468kcal

材料（2人分）

合いびき肉	300g
A 塩	小さじ1/2
こしょう	少々
サラダ油	小さじ1
玉ねぎ	1/3個
トマト	1/3個
レタス	適量
チーズ	2枚
バンズ	2個分
ブルーベリーマジカルソース	大さじ1
ピクルス	適量
フライドポテト（油で揚げておく）	適量

（作り方）

❶ 合いびき肉にAを加えねばりが出るまで混ぜ2等分にし、平らな円形に成形する

❷ フライパンを中火で温め、サラダ油をひき、①を入れ、押さえながら火を通す

❸ ②の横で、玉ねぎの輪切り、半分に切ったバンズもさっと焼く

❹ バンズにレタス、②、輪切りにしたトマト、玉ねぎ、チーズの順にかさね、マジカルソース、輪切りにしたピクルスをのせてはさむ

❺ フライドポテトを添える

Pick up 食材

玉ねぎ

特有の香りと辛みの成分アリシンは、血糖値の上昇を抑え、血液サラサラに働きます。疲労回復や免疫力アップも期待できます。

Point

パテにはつなぎは使いません。よく混ぜて、押さえながら焼くのがコツです。まるでハンバーガーショップのような食べ応えのあるパテができあがります。

ブルーベリーのショートパスタ

材料（2人分）

ブルーベリー（冷凍果実）… 100g
ショートパスタ …………………… 160g
A｜オリーブオイル ………… 大さじ2
　｜トマト（みじん切り）……… 60g
　｜パセリ（みじん切り）……… 少々
　｜塩 ……………………………… 少々
　｜こしょう ……………………… 少々
黒こしょう ……………………… 適量
粉チーズ …………………………… 適量

Pick up 食材
トマト

動脈硬化予防に働くリコピンを豊富に含みます。ビタミンCが豊富で美白や美肌にもおすすめ。オリーブオイルなど油と一緒に加熱することでリコピンが吸収されやすくなります。

Part 2

主菜

（作り方）

❶ ブルーベリーを半解凍して、フォークなどで軽く潰ぶす
❷ ①にAを合わせて混ぜておく
❸ 鍋に熱湯を沸かし、湯に対し1％の塩（分量外）を入れ、パスタを表示通りの時間茹でて、ざるにあげ湯を切る
❹ ③を②と混ぜあわせ、器に盛り、粉チーズ、黒こしょうをかける

Point

ショートパスタは冷製でも温かくしてもおいしくいただけます。季節に合わせて楽しみましょう。

クロケット
フレンチ風ブルーベリーソース

1人分
141 kcal

材料（2人分）

A| 温かいごはん……… 100g
　| 粉チーズ……………… 大さじ1
　| トマトケチャップ…… 大さじ2
B| 小麦粉………………… 大さじ2
　| 水……………………… 大さじ2弱
パン粉（細かめ）………… 適量

揚げ油………………………………… 適量
C| ブルーベリーマジカルソース…… 大さじ1
　| トマトケチャップ………………… 大さじ1
お好みの野菜、ハーブ…………… 適量
粉チーズ……………………………… 適量

（作り方）

❶ Aを混ぜあわせて、ラップなどを使って2等分に丸める

❷ Bを混ぜ、フォークなどを使って①の周りにまとわせて、パン粉をまぶす

❸ ②を180℃に熱した揚げ油でこんがりと揚げる

❹ ③を野菜とともに器に盛り、Cを混ぜあわせてかけ、粉チーズをふる

付けあわせには、赤や黄のカラフルにんじんを使いました。薄くスライスしたものを水にさらすとシャキッと、お料理を華やかに引き立ててくれます。

Pick up 食材

トマトケチャップ

トマトのうま味成分グルタミ
ン酸が料理をおいしくしてく
れます。リコピンが豊富、マ
ヨネーズなどに比べると低カ
ロリーなのも嬉しい
点です。

彩りのり巻き

1本
424kcal

材料（4本分）

A | 温かいごはん………… 800g
　　| 塩……………………… 8g（小さじ1と1/3）
　　| 砂糖………………… 24g（大さじ3弱）
　　| 酢………………… 80cc（大さじ5強）
　　| ブルーベリーマジカルソース… 大さじ2

B | サラダチキン……… 150g
　　| きゅうり…………… 1本
　　| パプリカ 赤・黄… 各1/2個
コチュジャン…………… 小さじ1
ごま…………………… 少々
板のり………………… 4枚

（作り方）

❶ Aを手早く混ぜて広げ、冷ましておく
❷ Bは全て細長く切り、サラダチキンの半量にはコチュジャンを混ぜておく
❸ 巻きすの上に板のりを広げ、向こう側2cmほどを残して①の1/4量を広げる
❹ 中央に②を彩りよく並べ、ごまを振り、手前から巻く
❺ 少し落ち着かせてから④を切り分ける

Point

切り分けるときには、包丁の刃先をあてたら手前に一気に引くようにするときれいに切れます。その都度、濡らしたふきんで刃先に付いたごはんを拭きとりましょう。

Pick up 食材

鶏むね肉

良質なたんぱく質が豊富で代謝に必要なビタミンB群がバランスよく含まれます。むね肉には疲労回復効果のあるイミダペプチドがたっぷり！

いつもの料理を特別な一皿にかえる
『ブルーベリーマジカルソース』
の魔法

かさねる

Brunch

リセットブランチ

休日はブランチをゆったりと
ココロとカラダをリセットする特別な時間

ブランチプレート

材料（2人分）

お好みのパン、野菜や果物、チーズなど…適量
ブルーベリーマジカルソース……………適量
塩……………………………………少々
黒こしょう…………………………少々

（作り方）

❶ お好みのパン、食べよい大きさに切った野菜、
　果物などを彩りよく盛りあわせる
❷ 全体に塩、黒こしょうをふり、マジカルソー
　スとともにいただく

Point

休日ブランチは、マジカルソー
スでちょっと贅沢な時間に。パ
ンとコーヒーだけで済まさず、
乳製品や卵などの良質のたんぱ
く質に加え、野菜や果物でビタ
ミン、ミネラルを補いましょう。
カラダと素肌が目覚めますよ。

Pick up 食材

キウイ

ビタミン、ミネラル、食物繊
維、クエン酸、ポリフェノー
ルなどの栄養素が豊富です。
特有の酵素は、消化を促進し
て消化不良を防いでくれます。

アボカド

ビタミン、ミネラル、β‐カ
ロテンやルテインなどの栄養
素が豊富。オレイン酸を含み、
悪玉コレステロールが気にな
る人にもおすすめです。

クスクスサラダ

1人分
344kcal

材料(2人分)

クスクス	150g
熱湯	150cc
塩	小さじ1/2
ブルーベリーマジカルソース	大さじ1
こしょう	少々

オリーブオイル		大さじ1
A	ミント(みじん切り)	大さじ1
	パセリ(みじん切り)	大さじ2
	ブルーベリー(ドライフルーツ)	大さじ1
レモンやハーブ		お好みで適量

(作り方)

❶ クスクスをボウルに入れ、塩と熱湯を入れて混ぜ、ラップをして6〜7分ほど蒸らす

❷ ①にマジカルソース、オリーブオイル、こしょうを混ぜこむ

❸ ②にAを入れよく混ぜあわせ、器に盛りお好みでレモンやハーブを添える

Part
3
リセットブランチ

Pick up 食材

パセリ

野菜の中で栄養素の含有量がトップクラス。β-カロテンやビタミンC、カリウム、カルシウム、鉄を豊富に含みサラダやスープなどにプラスすれば栄養価アップ!

Point

パリっ子が大好きなクスクスは、お米のような小さなパスタ。マジカルソースとお好きな野菜やハーブ、ナッツ、ドライフルーツなどをあわせて楽しみましょう。満足感のある一品になりますよ。

ブルーベリーボウル

1人分
317kcal

材料（2人分）

ヨーグルト（無糖） …………………200g
お好みのグラノーラ……………80g
バナナ ………………………………1本
枝豆など …………………………お好みで適量
ブルーベリーマジカルソース…大さじ1

（作り方）

❶ 器にヨーグルトを入れ、グラノーラを加える
❷ 食べよい大きさに切ったバナナ、枝豆などを
  盛りあわせ、マジカルソースをのせる

Pick up 食材

バナナ

糖質、ビタミン・ミネラル、食物繊維、ポリフェノールなどがバランスよく含まれる栄養価の高い果物。手軽に食べられ、朝食や肉体疲労時などにもおすすめです。

Point

マジカルソースと食物繊維たっぷりのグラノーラにバナナ。プラスヨーグルトはたんぱく質＆善玉菌が摂れるので、腸活や朝食にも最適な組み合わせです。とっても簡単にバランスのよい朝食が準備できます。

まぜこむ

68

まぜあわせる

69

ブルーベリースコーン

1個分 163kcal

材料（8個分）

バター	50g	**B** ヨーグルト（無糖）	100g
A 薄力粉	200g	ブルーベリー（冷凍果実）	70g
砂糖	50g		
塩	少々		
ベーキングパウダー	8g		

（作り方）

❶ バターはレンジで加熱し溶かす（600W・30秒）

❷ ボウルにAを入れ混ぜる

❸ ②に溶かしたバター、Bを加えて粉気がなくなる
までさっくり混ぜる

❹ 8等分にして軽く丸め、クッキングシートを敷い
た天板に並べる

❺ 200℃に予熱したオーブンで、15〜20分ほど焼
き目がつくまで焼く

Point

冷凍果実は、凍ったままで混ぜあわせてかまい
ません。生地を寝かせたり、型抜きしたりする
必要がないので短時間で手軽にできますよ。

フレッシュ ブルーベリーパイ

1個分 150kcal

材料（9個分）

ブルーベリー（生果実）………………100g
クリームチーズ（ポーションタイプ）……9個（約150g）
冷凍パイシート（5cm×5cm）…………9枚
砂糖……………………………大さじ2
粉糖……………………………適量

（作り方）

❶ パイシートは冷凍庫から出して5cm角ほどの大きさに切り、10分ほど室温で戻し一回り大きくなるよう麺棒などでのばす

❷ 中央にクリームチーズを置き、ふちをクリームチーズに沿って内側に折り囲んでいく

❸ クッキングシートを敷いた天板に並べ、砂糖を上からふりかける

❹ 230℃に予熱したオーブンで15〜20分ほどこんがり焼き、取り出して粗熱をとる

❺ ブルーベリーを折り囲んだ部分に詰め込み、粉糖をふる

Point

クリームチーズをそのまま使うので手間いらず。とっても簡単なのに驚くほどおいしいパイができあがります！生果実の自然な甘酸っぱさとクリームチーズがベストマッチ。

「ブルーベリー」は
おいしく健康に導くスーパーフルーツ

かわいらしいビジュアルで甘さと酸味のバランスが魅力の「ブルーベリー」。
世界には１５０種以上が存在するそうです。ブルーベリーが日本に伝わったの
はなんと５０年以上も前。なぜか当時は全く注目されませんでした。
その後、「ブルーベリーのアントシアニンが目によい」という情報が広まり、
これがきっかけでスーパーフルーツとして注目されるようになったのです。
ブルーベリーにはアントシアニン以外にも健康に役立つ栄養素が含まれ、目だ
けでなく様々な健康効果が期待されています。
現在では、海外からの輸入が増え、冷凍果実やドライフルーツなどの加工食品
も豊富になり、年中様々な形で楽しむことができます。国内のブルーベリー農
園も少しずつ広がり、夏には新鮮な生果実を楽しめます。旬の果実は栄養価が
高く、味も格別。ブルーベリーはまさに、味も健康効果も兼ね備えた魅力的な
フルーツなのです。

ブルーベリーの健康効果

● 視機能の改善

● 活性酸素を除去する

● 腸内環境を整える

フルーツの中でトップクラスの抗酸化作用
美と健康を叶える栄養素たち

ブルーベリーには、健康に欠かせない栄養素が豊富に含まれます。
栄養豊富な皮や種まで丸ごと食すことができ、フルーツの中でも※低糖質・低カロリー。
おいしく食べて健康&キレイを育むならブルーベリーは強い味方です。

アントシアニン

高い抗酸化作用で老化予防
や目の健康によいことで知ら
れる。そのほかにも老化を進
める細胞の糖化や炎症を抑
える働きをもつ。

ビタミンA・C・E

抗酸化3大ビタミン。ビタミン
ACE（エース）とも呼ばれ、活
性酸素の掃除屋として活躍。

亜鉛・鉄・マンガン

カラダの調子を整え美と健康
を支える栄養素。亜鉛、鉄、マ
ンガンは現代人に不足しがち
なミネラル。

食物繊維

善玉菌のエサになり、腸内環
境を整えてお通じを改善。余
分なコレステロールを排出し、
生活習慣病の予防にも。

※100gあたり　48㎉　糖質:9.6g　日本食品標準成分表（八訂）より

ファイトケミカルを組み合わせて
さらにパワーアップ

「ファイトケミカル」は野菜や果物の色素、あく、苦味などの化学成分の総称です。

抗酸化作用で老化予防の働きをもち、第七の栄養素と注目されています。

ブルーベリーのアントシアニンもファイトケミカルの1つ。

ファイトケミカルはそれぞれに特徴をもち、

組み合わせることで様々な健康効果が期待できます。

食材の組み合わせは、味のバリエーションを広げ、

栄養面でもプラスに。

色とりどりの食材の組み合わせを

楽しみましょう。

×
ルテイン

紫外線ダメージを防ぎ、美肌や目の健康に働く。緑黄色野菜に豊富に含まれる。

- ・パセリ
- ・ブロッコリー
- ・パプリカ
- ・卵黄

×
アスタキサンチン

目と脳の機能を維持する。頑固な目の疲れの改善や疲労回復、美白・美肌に導く。

- ・鮭
- ・いくら
- ・えび

 ×

リコピン(赤)

血流の改善や生活習慣病の
予防、シミやシワ、たるみなどを
予防し美白や美肌に働く。

- ・トマト
- ・すいか
- ・ピンクグレープフルーツ

 ×

クルクミン

肝機能の向上、コレステロール
値を低下させる効果が期待され
る。美肌や脳機能の活性にも。

- ・ウコン(ターメリック)
- ・カレー粉
- ・たくあん

 ×

イソフラボン

女性ホルモンに似た作用をも
ち、更年期症状を和らげたり、
肌の弾力を保つのに役立つ。

- ・とうふ
- ・きなこ
- ・みそ

 ×

りんご
ポリフェノール

血流の改善やコレステロール
値を低下させる効果のほか、美
白、口臭予防の働きなどをもつ。

- ・りんご(皮の部分)

～ブルーベリーマジカルソースで特別な時間を～

浜内千波先生の『ブルーベリーマジカルソース』を使ったレシピはいかがでしたか?
まさか、ブルーベリーが料理に合うなんて!と驚かれたと思います。
約1年前のことでした。
これまでのジャムやフルーツソースでなく、ブルーベリーを使った
おいしくてこだわりのある料理用の万能ソースを作りたい、と
『ブルーベリーマジカルソース』の開発がスタートしました。
国産ブルーベリーをふんだんに使って、
素材を活かすシンプルな配合でおいしく、安心して口にしていただけるものを。
なんども試作を繰り返し……。
そして、誕生したのがSHIKON『ブルーベリーマジカルソース』と本書です。
どんな素材にもよく合う、今までにないお料理のための
本当においしいブルーベリーのソースができあがりました。
レシピを参考に、ぜひ彩りゆたかな特別な時間をお楽しみください。

わかさ生活

ようこそ こだわる大人の 至福のひとときへ

ブルーベリー マジカルソース

内容量：100g

通常価格 **2,500 円** (税込)

※商品パッケージは変更になる場合がございます。

Point
カラダへのこだわりが光る 2つの厳選ブルーベリーを使用

国産
ブルーベリー果実
Blueberry

人にも環境にも配慮した栽培法で育てた安心・安全な希少価値が高い国産のブルーベリーをふんだんに使用しました。

+

北欧の野生種
ビルベリー果汁
Bilberry

北欧特有の太陽が沈まない現象「白夜(びゃくや)」で光をたっぷり浴びたビルベリーは、高い抗酸化作用を誇ります。

商品詳細・Web からのご注文は右のコードから ▶

いつもの料理が特別になる
ブルーベリーマジカルソースの ごちそうレシピ

初版第1刷	2024年4月23日発行
レシピ考案・監修	浜内千波（料理研究家・食プロデューサー）
	公式ホームページ　https://www.fcs-g.co.jp/
ファミリークッキングスクール	夛名賀友子
撮影	山家学（株式会社アンフォト）
スタイリング	金山洋美
デザイン	古川美和子デザイン室
企画・編集	株式会社わかさ生活
	田中由香里
編集協力	池邨麻衣、吉田千恵、丈達公子、西尾尚子、笹山奈珠
商品開発チーム	河野夏奈、田中由香里、北村海七、永井來沙
発行	株式会社わかさ生活
	〒600-8008 京都市下京区四条烏丸長刀鉾町22三光ビル
	TEL:075-213-7727
	https://company.wakasa.jp/
発売	株式会社大垣書店　〒603-8148 京都市北区小山西花池町 1-1
印刷・製本	図書印刷株式会社
ISBN	978-4-903954-74-5

Printed in Japan　ⓒ2024 WAKASA SEIKATSU Corporation